Manu Erena

Consecuencias de decir te quiero

PLAN B

Penguin
Random House
Grupo Editorial

Primera edición: agosto de 2021

© 2021, Manu Erena, por los textos
Representado por Editabundo Agencia Literaria, S. L.
© 2021, Penguin Random House Grupo Editorial, S. A. U.
Travessera de Gràcia, 47-49. 08021 Barcelona
© 2022, Penguin Random House Grupo Editorial USA, LLC
8950 SW 74th Court, Suite 2010
Miami, FL 33156

© 2021, Lander Telletxea (www.landertelletxea.com),
por las ilustraciones y el lettering de la cubierta

Diseño de la cubierta: Penguin Random House Grupo Editorial

Impreso en Estados Unidos - *Printed in USA*

ISBN: 978-1-64473-456-8

22 23 24 25   10 9 8 7 6 5 4

El arte es para consolar a aquellos
que están rotos por la vida.

No habré vivido el tiempo suficiente para dar lecciones de vida, pero aquí están plasmadas algunas de mis sensaciones y emociones, agrupadas en un mismo ciclo que consta de tres fases: dañarse, encontrarse y curarse.

Dañarse, porque alguna vez sentirás que todo se desmorona, notarás que te estrellas y descubrirás que quien pensabas que nunca te iba a fallar lo ha hecho. Pero recuerda siempre lo que te dijo tu madre: llorar es sano. A veces, un adiós a tiempo puede salvarte del caos.

Encontrarse, porque después de la lluvia siempre sale el sol; tras una caída tendrás que volver a levantarte y aprender de los errores.

Y curarse, porque la vida es un suspiro; no sabes cuándo será tu última vibración, así que tienes que disfrutar al máximo con los tuyos y valorar a quien realmente te saca una sonrisa.

Porque supongo que esa es mi manera de superar las cosas.

El ciclo

Dañarse, encontrarse y curarse

Dañarse, encontrarse y curarse: ese es el ciclo.
Puede que tarde mucho tiempo
en aceptar que todo
se quedó en una triste despedida,
en aceptar que el daño que me hiciste
detonó una bomba
que había dentro de mí;
una bomba que se había
fabricado durante años
llenos de causas perdidas.

Ahora, después del caos,
renace una flor, aparentemente sensible.
Lo que nadie sabe es
lo que esa flor lleva vivido.
Y ha aprendido de sus errores.

Dañarse

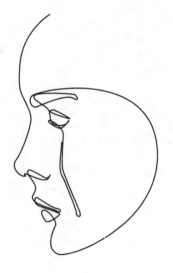

Se acabó

Se acabó
lo que hacía que siguiésemos juntos,
sabiendo que todo esto
era simplemente algo efímero.

Se acabaron
las mil y una canciones
que nos dedicábamos
aquellas noches de verano,
los atardeceres
que pasaba junto a ti.

Se acabó.
Y sí, te echo de menos,
no sabes cuánto,
pero nuestra canción
terminó hace tiempo.

A quién vamos a engañar

Hace poco pensaba
que la mejor forma
para no mojarme durante la tormenta
era meterme en ella.

Mis lágrimas me hacían creer
que era cierto que el tiempo
lo curaba todo,
y que después volvería la calma.

Pero eso acabó.
Mis ojos fueron obligados a abrirse,
y ellos solo querían seguir soñando
una realidad paralela para evitar los golpes.
Esos golpes que poco a poco
convertían mis fuerzas en caídas.
Esos golpes que me hicieron ver
que lo perfecto no existe.

Me tocaría ser fuerte
y afrontar que la vida
puede abandonarte en tu propio desastre

en cualquier momento,
y a nadie le va a importar.
Y sí, es muy bonito
pensar que nunca te dejarán
por otros atardeceres
llenos de constelaciones,
cuando tú eres una simple estrella.

En realidad, siempre seguiré esperando.
Esperando a que volvamos a ser
nosotros de verdad.

Cansancio

Me apetecía volver a ser
un niño de ocho años,
y olvidar el caos que tenía encima.

Verdades

En teoría,
nunca deberíamos dañar a las personas que
realmente queremos. Nunca deberíamos mentir
a quien ha estado siempre para ayudarnos.
Nunca deberíamos desconfiar de aquellas que
más de una vez han creído en nosotros antes
que en ellas mismas.

Pero aun así lo hacemos. Porque nunca
llegaremos a hacernos una idea de lo que
de verdad representa una amistad.

Pues eso son las reglas:
Respeto.
Lealtad.
Confianza.

Es muy sencillo.

Madrugadas

Son las cinco de la madrugada
y todavía no he conseguido dormirme.

Pensando en todo lo que ha pasado
o puede llegar a pasar.
Pensando en las personas que se han ido
y en las que están por llegar.
Pensando en las mil y una formas
de pedirte que te quedes.

Pero en realidad no quiero.
No puedo.

Necesito que te vayas,
que me eches de menos,
que aprendas a valorarme,
que sepas toda la mierda que me tragué por ti.

Porque creo que yo ya he sufrido
y aprendido bastante.

Lucha

¿Podrías luchar,
sabiendo que Troya
sigue ardiendo?

Después,
lo único que quedará
serán cenizas.

Cenizas de un amor
que será destruido
por una batalla interminable,
de la cual
ninguno de los dos,
ninguno,
saldrá bien parado.

Segundas oportunidades

Hace poco me fijé
en la herida que tienes
como sonrisa, rota.

Llevas meses
soportando el viento
que intenta desgarrarte
por completo.

Hoy
vuelves a decir mi nombre,
y vuelvo a recordarte.

Me acordé de cuando
vivíamos nuestro día a día
sin querer perder ni un segundo.

Me acordé de cuando
pretendíamos curar
agujeros inmensos
en nuestra alma
con simple saliva.

Me acordé de cuando,
poco a poco,
se nos iban escapando
nuestros sueños de las manos.

Y hoy te he vuelto a sonreír.

Porque estoy dispuesto a intentarlo, otra vez.

Por si no lo sabías

No sabes las ganas que tengo
de volver a abrazarte y no soltarte, nunca.

Las razones

Puede que antes
de que me vaya
intentes salvarme del abismo,
pidiéndome que me quede
con un simple «no lo hagas».

Lo siento, pero no puedo salvarme,
ahora ya es tarde.
No os disteis cuenta
de cuando gritaba porque quería
que alguien me escuchase.
Mi cuerpo quiere dejar de respirar,
quiere dejar de levitar porque está cansado,
y la manera más factible de solucionarlo
es que todo mi ser descanse en paz.

Y no os culpo,
este adiós lleva escrito mucho tiempo
y no lo puedo posponer.

Ya la única salida que queda
es terminar con todo esto,

y con las lágrimas más puras que he derramado
te confieso que sé
que me vas a echar de menos.
Pero yo llevo sin verme una vida entera.

Cristal

Aunque no te diste cuenta
durante todo este tiempo,
nuestros actos fueron
los responsables de los hechos.

Mi piel empezó a ser de cristal,
y comenzó a rasgar
todo lo que se cruzaba a mi paso.

Sentía que todo
era sumamente frágil
y que era incapaz de impedir
que cortara cada sentimiento
que quedaba dentro de mí.

Nos quedaremos con la duda

Siente rabia
ese chico que está
tirado en el suelo,
llorando por ese adiós inesperado
de alguien que no debía irse
de su vida tan pronto.

Desea que ojalá
deje de importarle
que ya no estés,
desea decirte
con todas sus fuerzas
el «ya no te echo de menos
porque ya no me dueles».

Y en su cabeza sigue pensando
cuál es la manera más sencilla
para retroceder en el tiempo
y cambiarlo todo.

Pero,
mierda,
él no puede cambiar nada.

Puede que porque el adiós
estuvo escrito
desde la primera mirada,
o puede que porque
el culpable de todo esto
no sea él, y seas tú.

Nunca lo sabremos.

Sueños rotos

Son las 12.12 y está mirándote.
Tu silencio hace tanto ruido
que es lo único que llega a oír.
Le das bocados al tiempo, que manejas a tu antojo,
como si fueras un reloj retrocediendo continuamente.
Y él sigue mirándote,
queriéndote,
en un sueño en el que llegáis a ser felices juntos.
Del cual todavía no ha despertado.

Fue bonito hasta que dolió

Me he roto tantas veces
por dentro que ahora solo
quedan los susurros,
que pretenden salvarme
de este abismo.

Mis alas quieren volar
y siguen atrapadas
en este caos.

Yo solo quería dedicarte
hasta mis últimas palabras.

Yo solo quería
volver a sonreír después
de escuchar tu nombre.

Yo solo quería quererte.

Gritos

Necesitaba gritar,
romperme en mil pedazos,
dejar de sentir que mi cuerpo
se dejaba caer cada vez más.

Sentía que mi corazón ardía
cada vez que te veía.
Por el miedo,
ese puto miedo,
que lo impedía todo.

Y no me dejaba gritar.

Siempre

Puede que la última vez que te vea
no sea la más emotiva.
Puede que piense en ti durante horas
cuando ya no estés aquí.
Puede que me quede estancado
y que los versos de este folio
sean los únicos que me hagan sentir.

Necesito saber qué es lo que debería hacer
cuando algún día te busque
para refugiarme del frío y deje de encontrarte.
Porque siempre he pensado
que serías eterna.

Me hace feliz pensar
en todas las veces que has sonreído
al verme llegar a tu casa un domingo,
o después del colegio,
cuando solo con darme la mano
mi desastre se convertía en armonía.

Cada vez que me enfado con mamá,
pienso en ti,
en lo que le dirías para consolarme,
en tus «no te enfades con el niño».

Quiero que recorras
el mundo entero
y sigas soñando.

Porque puede
que nunca te lo llegue a demostrar
tanto como de verdad lo siento,
pero quiero que, cuando llegue
nuestro último adiós,
sea tan sincero como el amor
que me has dado siempre.

Gracias por cuidarme.
Gracias por enseñarme.
Gracias por hacerme feliz.

Me hiciste daño

Me hiciste daño,
hasta el punto
de encerrarme en una
burbuja transparente,
de la cual
era imposible salir.

Ya no sonreía.
Ya no me veía.
Ya no era yo.
Me habías consumido
por d
    e
      n
        t
          r
            o

Duele

Ya no importa,
no importa nada.

Los pájaros que abandonaron su nido,
el soñador que olvidó sus sueños.

Las lágrimas que trajo la ausencia,
los niños que jugaban a sentir.

La ciudad desolada observaba
cada uno de sus movimientos, lentos;
y como ese niño que le daba
la mano a su padre echaría a volar
y solo quedarían simples recuerdos.

Ya no importa,
no importa nada.

Pero a la vez importa tanto.

Perdóname

Perdóname por haberte querido
como nunca nadie lo había hecho,
por arriesgarlo todo y ponerte a ti
por encima de todo,
por encima de mí.

Por haberme creído que lo nuestro
podría funcionar.

 Superarse

Déjalo ir si ves
que ya no puedes hacer nada al respecto.
Quédate en el suelo después de la hostia.
Imagina cuál sería
la versión perfecta de ti mismo.
Porque ya no quieres
seguir cortando a los demás,
ya no quieres seguir cortándote.

Déjalo ir si ves
que te vas a hacer daño,
cuando creas que ya
no podrás salir del bucle.
Porque no tiene sentido
continuar la historia si el protagonista
se está destruyendo poco a poco.

Déjalo ir si ves que no vas a ser feliz,
porque si no lo haces tú,
créeme,
no lo va a hacer nadie por ti.

Intentos

Decidí echarte de menos
e intentar dejarte ir.
Lo intentaba hasta tal punto
que las palabras se me atragantaban
formando un maldito nudo
en mi garganta.
Necesitaba gritar y soltarlo todo,
soltarte a ti.
Porque por mucho tiempo
que permaneciese en silencio...
seguiría pensándote.

Celeridad

Fue tan rápido como la luz.
Aquel momento,
entre tú y yo.

Queríamos que fuese eterno,
y duró apenas segundos.

Pero nosotros
queríamos la vida entera.

Lo he intentado

He intentado ser
una persona estándar.

He intentado llorar
con una película de amor
de esas que te deberían partir el alma.

He intentado fingir
que estoy bien con gente
que me ha dejado la puerta abierta,
haciendo que me congele.

He intentado aparentar
que lo tengo todo bajo control,
cuando en realidad
voy cuesta abajo y sin frenos.

Lo he intentado y he fallado.

Por más vueltas que le dé,
no conseguiré una respuesta lógica

para poder cambiar
esta realidad tan oscura.

Esta realidad que pretende destruirme.

Kilómetros

He llorado feliz
de saber que estás bien.
Hemos tenido
que aprender a querernos
a través de una maldita pantalla.

Porque solo nos separa
una simple cifra,
cientos de kilómetros
que no pueden indicarnos
cuándo será la próxima vez
que nos veamos.

Tenías ganas de comerte
el mundo conmigo,
de no rendirte nunca,
como siempre me has dicho.

Y te seguiré esperando
todas las vidas que haga falta,
porque no voy a conocer
a nadie que sepa
alegrarme los días
tanto como tú.

Desafíos constantes

Sentir que el peligro está cerca,
y aun así tirarte a la piscina.

Saber que es un amor pasajero,
y quedarte para conservarlo
lo máximo posible.

Necesitar de tu oxígeno
para no ahogarme.

Saber que va a salir mal,
pero querer intentarlo una última vez.

Querer quemarse

Quieres saber qué se siente
al entender que el final está cerca.
Suena a adrenalina.

No sabes cómo frenar para
no estrellarte en el último instante.
Como ese tren que coges
sin saber dónde te dejará,
como cuando dices
lo que realmente piensas.

Euforia, ¿no crees?
Sabes que la caída
puede ser jodida,
pero aun así quieres intentarlo.
Sabes que debes hacerlo.

Quieres saber
lo que realmente se siente
cuando estás a punto de quemarte.
Porque te gusta el caos,
y por eso crees que vale la pena
intentarlo una vez más.

Encontrarse

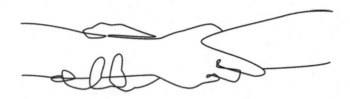

La historia continúa

A veces los finales felices
terminan no siéndolo del todo:
acabas llorando,
con los sueños rotos
y sin saber cómo
seguir adelante.

Hasta que comprendes
que puede que no haya sido el final feliz
que tanto esperabas porque,
en el fondo,
la historia no ha llegado
todavía a su fin.

Es la clave

No deberíamos desconfiar
de aquellas personas
que más de una vez han creído en nosotros
antes que en ellas mismas.

Tiempo

Hemos aprendido a valorar
todo lo que antes
ni nos parábamos a pensar.

Nos olvidamos de disfrutar al máximo,
porque nunca hemos sabido
entender la frase de «uno no sabe
lo que tiene hasta que lo pierde».

Siento no haberme podido despedir
en esta pausa.

Pero ahora hay que seguir adelante.
Hay veces en que nos sentimos abrumados
por lo grande que parece el mundo
y lo diminutos que nos sentimos.

Ese nudo en la garganta
por no saber qué será de ti.
Y, créeme, es difícil pensar
que el mejor día de tu vida

no ha llegado todavía,
pero llegará, te lo prometo.

Esos recuerdos que ahora
son poco más que humo
volverán a florecer.

Volveremos a florecer.

Reflexiones de sábado noche

Cuando no sé qué sentir,
escribo,
con las mil y una dudas
que se me pasan por la cabeza;
puede que me ayude a desahogarme
o, simplemente,
a organizar mis ideas.
A lo mejor
eso es lo que realmente
me gusta de esto.
Que me ayuda a descubrir quién soy.

El pez que decidió salir de su pecera

Érase una vez un pez que se pasaba los días
en su pecera; era bonita, con un par de rocas
y unas plantas verdes muy bien cuidadas.
Dedicaba su tiempo a jugar con otros peces,
sin preocupaciones ni miedos.

Pero, en el fondo, él sabía que ese no era
su sitio; que, por muy bien que estuviese, allí no
alcanzaría la felicidad. Y, aunque no lo creáis,
decidió arriesgarse, decidió salir de la pecera.

Decidió cabalgar por sus sueños. No tenía
ni la más mínima idea de qué sería de él,
pero tampoco tenía miedo; no tenía las ideas
claras, pero estaba dispuesto a arriesgarlo todo.

Ahora está en un mar con más peces como él,
soñadores y luchadores, viviendo fuera de esa
pecera que les impedía ser totalmente libres.

Debemos luchar por nuestros sueños, por jodido
o difícil que parezca, porque nuestra vida
no se puede limitar a una pecera.

La misma historia

Siempre estarán los típicos comentarios de siempre.
«No comas así.»
«No deberías vestir así.»
«No deberías tener ese carácter.»
«No deberías pensar de esa manera.»
«No deberías hacer esa carrera.»
«No deberías dar tu opinión».
«No deberías juntarte con esa gente.»
«No seas así.»

Lo que no voy a hacer es no ser yo.
Que les jodan a los tópicos.
Que os jodan.

Prefiero que llores

Prefiero que llores
y que comprendas
que, si te hizo tanto daño,
puede que no fuese para ti.

Prefiero que llores
y que la próxima vez
aprendas a levantarte más rápido.

Prefiero que llores
y que no vuelvas a perseguir
unos sueños que, realmente,
no son tuyos.

Prefiero que llores
y que sigas luchando.

A veces, llorar sana las heridas.

No te acostumbres

No te acostumbres
a que siempre esté ahí;
el tiempo se agota
y las ganas se pierden.
Es acojonante pensar en las noches
que he pasado llorándote.

Una simple mirada,
unos simples «ya nos veremos»,
un «ahora no puedo hablar»,
una mentira,
distancia.

Empieza y no sabes cómo termina;
y duele, sé que duele.

Arrugas en el alma

A veces ocurre,
la persona a la que amas
deja de estar ahí.

No puedes parar
pensando en su olor
en todas las tardes
en ese banco
y en las inolvidables
noches de verano.

Pero esa persona ya no está.
Tú no tienes la culpa de nada,
pero debes aprender a decir adiós.

Aprendimos demasiado tarde

Recuerda
todas las cosas
que queríamos conseguir.

Ahora,
todos los recuerdos
están obsesionados por buscar
una simple salida
para poder escapar de mi cuerpo,
aludiendo una y otra vez
a cuando me intentabas
acariciar el alma
sin querer romperme en mil pedazos.

Pero ahora,
mientras tus manos asolan
cada centímetro de mi piel,
lo único en lo que pienso
es que puede que nos juntemos
allí arriba.

Porque, después de todo,
creo que debajo de la tierra
nada nos espera.
Simplemente queríamos querernos.
Pero nunca llegamos a comprender
la palabra «amor».

Y, después de esta pausa,
la vida seguirá su ciclo;
y no tengo ni la más remota idea
de lo que nos deparará el futuro,
ni si nuestros caminos
volverán a cruzarse.

Tenemos que cambiar

Gracias a los que lucharon por nosotros,
hoy estamos aquí.
Nos sentimos libres
para amar a quien queramos.
Nos sentimos libres
para vestirnos como queramos.
Nos sentimos libres
para ser quien, de verdad,
queramos ser.

Pero nosotros seguimos
quitándole la libertad a los demás.

Resiliencia

Creo firmemente que todos hemos tocado fondo alguna vez en nuestra vida. Y si no, no pasa nada, ya lo tocarás. Porque es ley de vida caernos, y después levantarnos. Debemos demostrar que somos lo suficientemente fuertes como para seguir luchando.

En eso consistiría nuestra propia resiliencia, la capacidad que tiene una persona para superar las adversidades de la vida. Has de ser resiliente, y tienes que serlo por ti.

Las cosas buenas solo suceden si nos atrevemos a vivirlas, y para eso tenemos que dejar el pasado atrás.

Sé que es difícil, pero tienes que ser valiente.

Suerte

Desafié al maldito destino
apostando todas mis cartas,
solo por un único motivo:
tú.

No les hagas caso

No hacer lo correcto
también puede ser
una buena opción.

Esa adrenalina que sientes
al intuir que algo
no puede salir realmente bien,
cuando tus pulsaciones
se aceleran sin saber
si te vas a estrellar,
pero seguro de
que te volverás a levantar
y aprenderás de los errores.

Que les jodan a los tópicos,
el tiempo vuela
y la vida es un suspiro.

Estamos tan acostumbrados
a que nos digan
cómo debemos vivir

que siempre
nos olvidamos

de que la verdadera
meta en nuestra
vida es esa:
ser feliz.

Olas

El mar descansaba
en absoluto silencio,
con olas
teñidas de negro.
Y allí estaba yo,
pensando.
En el antes y en el ahora,
en lo que pudo ser y en lo que pasó.

Lo siento.
Tuve que hacerlo,
amarte en secreto,
abrazarte con una mirada,
tuve que hacerlo.
Porque quiero que seas feliz,
aun sin ser yo el motivo.

Y en unos días,
unos meses
o unos años,
cuando me rocen las olas,
me acordaré de ti.
De lo que pudo ser y de lo que pasó.

Mejor así

Mejor así,
sin ti,
sin tus besos,
sin tus mentiras.
Porque, realmente, durante todo este tiempo,
hemos aprendido a vivir el uno sin el otro.
Entendimos que cortar por lo sano era mejor
que seguir inundando nuestra habitación
de silenciosos llantos.
No podíamos forzar ese «tú y yo»
que tanto nos gustaba y que tan poco sentíamos.
Mejor así, nos ahorramos el daño.

El comienzo

Me gusta observar.

Me gusta tu sonrisa,
tu forma de ver el mundo.
Me encanta comprobar siempre
lo valiente que puedes llegar a ser
y cómo ayudas a los demás.

También me gusta contar
cada uno de los lunares
que te hacen ser tan tú.

Me gusta leerte como si fueses
el último capítulo del libro que tanto te engancha.

En resumen, me gusta verte feliz, me gustas tú.
Por si no te habías dado cuenta :)

Nankurunaisa

Nankurunaisa: con el tiempo todo se arregla

Nunca olvides quién eres. Vive por el hoy y por
el mañana. Jamás dejes de sonreír y, por muy
mal que haya ido el día, la semana, el mes,
da igual.

Recuerda que después de la lluvia siempre
vuelve a salir el sol.

He llorado

Quiero abrazar
a esa chica que está
en el baño mirándose
en el espejo,
llorando porque
no sabe valorarse.
Quiero decirle que es preciosa
y que no debería cambiar
nada para complacer a nadie.

También quiero ayudar
a ese niño que sufre en el colegio
por culpa de sus compañeros.
Quiero decirle que nunca
va a estar solo
y que no se olvide
de quién realmente es.

Porque no se merecen
estar encerrados entre
cuatro paredes que solo son
el principio de su viaje.

Porque tarde o temprano
empezarán a volar,
se sentirán tan altos
que olvidarán todo lo malo
por lo que han tenido que pasar.

Pero siempre recordarán
que deben ser conscientes
de que eres tú, y es tu vida.

Por ti, 17

Eres mi lugar favorito
porque haces que todo vaya bien,
me resguardas del frío
y paralizas el miedo
cuando lo necesito.

Me has dado fuerza
para seguir adelante
y olvidar todos los sueños rotos.

Porque el perdón más grande
te lo mereces tú.

Qué bonitas son las ganas
que inviertes cuando quieres
hacer sonreír a alguien.

Qué suerte tienen
los que han podido o pueden respirarte,
los que han podido o pueden sentirte,
los que han podido o pueden escucharte.

Quiero que estés orgullosa de mí,
igual que yo lo he estado siempre de ti,

porque me has enseñado
a querer como nadie,
así que te dedico todos
y cada uno de los días que tenga.

Porque, gracias a ti,
el cielo es mucho más brillante.

Que a cualquier libro le hubiera
encantado tenerte presente.
Que a cualquier historia le hubiera
encantado tenerte presente.

Porque me has salvado,
y nunca me cansaré
de darte las gracias,
que mis «te quiero»
sean los más sinceros
que te digan nunca.

Porque haces magia,
y estaría jodidamente dispuesto
a arriesgarlo todo

por ti.

Game over

La vida sigue.
Cambias.
La gente también cambia.
Los miedos crecen.
Pero tienes que ser fuerte.

Porque la vida sigue,
y, hoy en día,
quien se queda parado
pierde.

Ley de vida

Disfruta
  cada
    segundo
      como
        si
          fuese
            el
              último :)

Despedida

Aprendí a decirte adiós,
mi cuerpo dejó de estar enredado
entre las mentiras que formabas a mi alrededor.

Mis ojos se ahogaban
simulando un naufragio
al que era imposible sobrevivir.
Terminaba nadando a la deriva
en un mar de lágrimas
que solo tú podías frenar.

Y, ahora, solo queda un mapa.
En el que no hay
tesoros ni incógnitas.

La equis era yo.
Era mi libertad.

Conseguí, justo a tiempo,
escapar de algo
que no iba a acabar bien.

Curarse

Amor propio

Inexplicable.
Se pasaba los días
enamorado de sus propias letras,
porque nadie se había decidido
a dedicárselas nunca.

Y se las escribió a sí mismo,
porque la vida solo dura un rato,
y él no sabe cuándo tropezará
con esa persona,
cuando sus labios no deseen
besar otros.

Pero ahora es su turno,
él mismo va a cicatrizar
sus propias heridas.

Lo noto,
ese brillo en sus ojos
que le indica que algo
está haciendo bien,
que su historia

va a terminar bien,
porque ha sido él
quien ha decidido cambiarla.

Tienes que ser fuerte

Hay amores
que tienes que
encerrarlos en una caja.

Esa caja tiene un candado.
Y quiero que te atrevas a abrirla.
Porque tú tienes la llave.

Y el amor es demasiado bonito
como para esconderlo.

Arde

No pienso arder en el infierno
cuando mi silencio
no para de gritar,
no para de sentir
lo que de verdad está bien,
y no va a romperse para
mostrar algo que no ve justo.

Porque sé que pedir perdón
es irrelevante cuando
tu corazón sabe que los hechos van a repetirse.

Pero nunca podré callar mi verdad.
Aunque tenga que arder en el infierno.

Casualidades

Ojalá las personas
a las que les encanta
hacer felices a los demás
nunca falten.
Son aquellas que aparecen
justo cuando se para
el único tren del que
creíamos que nunca nos íbamos a bajar.

Hay veces que necesitas
que te agarren de la mano,
fuerte.

Hay veces que necesitamos
sentirnos seguros,
a salvo.

Ahí viene

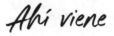

Ahí viene,
con su sonrisa constante,
pisando fuerte,
dispuesto a arriesgarse
y con la esperanza de volver a sentir.

No tiene las ideas claras,
pero ahí viene,
dispuesto a intentarlo.

Tiene miedo de perder el tren,
pero esta vez va a intentarlo.

Siente como su corazón se congela
al pensar lo jodidamente difícil
que es una despedida,
ese adiós que algunas veces parece
que viene escrito en nosotros mismos.

Pero ahí viene,
dispuesto a intentarlo.

Sentir

Quiero la vida entera,
que nadie arrebate mi libertad.

Quiero que me apoyes.
En todo.

No hay cosa que me haga más feliz.
Es lo que me hace sentir.

No pierdes nada por intentarlo

Ahora lloramos al recordar
a los que soñaban con el mar
y terminaron ahogándose
en su propio abismo,
a los que escribían miles
de historias que terminaron
sin ese final que tanto ansiaban,
a los que creían en los milagros
y terminaron
con el corazón perdido,
a los que intentaban
mirarse en el espejo
y no consiguieron verse.

Solo te pido que lo intentes.
No solo por ellos.

También por ti.

Cuando era niño

Cuando era niño
soñaba con ir a la Luna
y ver de cerca
cada una de esas estrellas
que me acompañaban tantas noches.

Soñaba con que algún día
todo lo que sentía iba a servir
para ayudar a alguien.

Soñaba con matar al maldito
monstruo que había
debajo de mi cama.

Lo que no sabía
era que dentro de unos años iba a tener
a aquella criatura en mi cabeza,
diciéndome lo que «realmente debía hacer»:
que dejara de escuchar al corazón,
que tantas madrugadas me había
tenido llorando por alguien
que en verdad no lo merecía.

Y, a día de hoy,
creo que el Manu de ocho años
estaría orgulloso,
porque he aprendido a curarme
cada una de las heridas
que me he hecho por querer demasiado.

He aprendido a levantarme, y a sonreír.

¿Para siempre?

Es lo que siempre dijimos,
ese para siempre
en el que confiábamos plenamente
sin dudar ni un segundo.

Y sé que creceremos.

Y sé que no será lo mismo.

Pero quiero que sepas
que nunca me olvidaré de ti.
Porque estuviste
cuando nadie estuvo.

Como dice el refrán

El día en el que a la primera
vaya la vencida,
en el que no prevengamos
antes que curar,
cuando preguntando
no se llegue a Roma.

El día en el que busquemos
y no encontremos nada,
cuando el clavo
no consiga sacar al otro clavo.

El día en el que la intención
no sea lo único que cuente
y en el que los ojos no vean
pero el corazón sí sienta,
entenderemos que no siempre todo saldrá
como se espera.

Y tendremos que vivir con ello.

Sonrisa

Cada vez que estoy contigo,
haces que tiemble,
que aparezcan esas mariposas
de las que todo el mundo habla
y que antes tenía atrapadas.

Porque no necesito ningún motivo
para sonreír durante horas
cuando te tengo al lado.

Y creo que eso es lo más bonito
que me puedes sacar siempre:
una sonrisa.

Cree en ti

Lo único que quiero es que seas feliz.
Sal, diviértete, haz lo que te dé la gana.
No pienses en lo que dirán los demás, nunca;
piensa en **ti** y en lo que **tú** quieres hacer.

Si quieres bailar, baila. Si quieres cantar, canta.
Si quieres escribir, escribe. No dejes que nadie
decida por ti, no dejes de ser feliz solo por la
opinión de los demás.

Cree en ti, porque yo lo hago, y no dejes de
hacerlo por más obstáculos que te encuentres.

Cicatrices

He tenido que ser valiente,
afrontar todos los daños que
has dejado a tu paso y superarte.

He tenido que gritarle al miedo,
por ti, pero sobre todo por mí.
Porque no quería perderte,
pero tampoco quería perderme a mí.

He dejado de sanar corazones
hasta que consiga recuperar el mío.
Porque, tarde o temprano,
me he dado cuenta
de que me estaba consumiendo,
y no sabía cómo salvarme.

Pero tengo que empezar a sanar
mis propias heridas, una a una.
Sin personas que hagan de tirita,
no puedo evitar lo inevitable.

Y sé que duele este adiós, pero lo necesito.

París dejó de ser la ciudad del amor

París dejó de ser la ciudad del amor
desde que tú estás aquí.

Porque alteras todos mis sentidos,
cuando te veo,
cuando te rozo,
cuando te escucho.

Porque todas las canciones
me recuerdan a la manera
que tienes de sonreír.

Puede que seas mi quimera,
un sueño muy complicado
y difícil de conseguir.

Pero, mientras tanto,
me gustaría perderme contigo
por las calles de Madrid.

Me acuerdo de ti

Hay partes de mí
que me recuerdan a ti.
Después de todo,
cuando toco cada centímetro
de mi piel,
recuerdo aquellas palabras
mientras sollozabas.
Ese «lo siento»,
que pretendía arreglarlo todo.

Pero la historia continúa.
Y nuestros personajes se han dicho adiós.

Arriésgate

Arriésgate, por mí, por nosotros, pero arriésgate.

Te lo imploro, necesito ver que todo lo que he dado por ti es correspondido, o darme cuenta de lo contrario.

Pero arriésgate, porque nunca entenderás lo que sentí al darlo todo por ti, y sigo pensando que eres y serás mi serendipia.

Quiero ser artista

Mamá, papá, quiero ser artista.
Sabéis que siempre
he necesitado plasmar
en cualquier superficie
cada uno de mis pensamientos,
inventar una nueva historia
que me ayude a resolver la mía.

Nunca he sabido callar
cuando he visto cualquier injusticia,
siempre me he levantado
y he gritado.
Y le grito al «no puedo».

Porque quiero ser artista.
Siempre se ha escuchado
el famoso «lucha por tus sueños»
pero qué poco lo ponemos en práctica.

Es lo que me llena:
saber que puede que una sola persona
esté leyendo esto

y decida comerse el mundo.
Creo que eso es lo más bonito,
el transmitir.

Coger un lápiz,
una goma
y una hoja de papel
y dejarme llevar,
destrozar mil y una páginas
hasta que consiga resolver
lo que me está jodiendo por dentro,
llenar de colores algo
que podría quedarse en un simple gris.

Porque quiero ser artista,
es lo que me llena.

Y es lo que voy a ser.

Final

Creo que mi final se dejó
de escribir hace tiempo,
desde el momento
en el que decidí
cambiarlo todo.

Ese adiós que pensaba
que sería insignificante
fue el que inició aquel borrón y cuenta nueva.

Creo que las respuestas que buscaba
hace años las tengo delante.
Porque perderte
solo fue un punto y aparte de esta historia
que acababa de empezar.

Poemas inéditos

Que ya no quiero

No sé qué palabras
debo utilizar para hablar de mí.

Lo único que me dolía
no era que tú te fueras,
sino quedarme a solas conmigo.

Era darme cuenta
de que me acojonaba
lanzarme al vacío,
aunque fuese por huir de aquello
que me hacía daño.

Me dolía que dejaba
de quererme para quererte a ti.
Tenía a alguien dentro de mí
que no quería salir del bucle
y que me mataba cada vez
que intentaba borrarme de toda esta mierda.

Era un constante
«no estoy bien, pero ya se me pasará».
Mis ojos ahora se ahogan
porque saben que aún te sigo queriendo,
que debería retroceder
como cuando no sientes una canción
lo suficiente y la vuelves a poner
desde el principio.

Pero a veces también me acuerdo
de lo mucho
que he tenido que llorar
para poder entender que siempre
van a quedar
miedos, dudas,
y más despedidas.

Porque todo
lo que has dejado a tu paso
ha estado a punto de consumirme,
y ya me jodería no aprender de ello.

Oscuridad

Veo oscuridad a lo lejos,
al fondo.

Veo como se aleja,
pero cada vez hace más ruido.

Quiero ahuyentarla
porque no quiero seguir formando
parte de ella.

Veo oscuridad,
como un solo de guitarra.

El final de la canción está cerca,
todo es negro, pero no quiero irme de aquí.

Veo oscuridad,
pero no quiero seguir formando parte de ella.

Cadenas que no me dejaban volar

Ya no quiero cadenas
que no me dejen volar.
Intento acariciar aquellas marcas
que me recuerdan lo mucho que lo siento.

Aquellas marcas que me recuerdan
a cuando me bajabas una luna
que no era la mía,
a cuando las estrellas me daban igual
porque no era capaz ni de verme a mí.

Tengo miedo
de que alguien quiera rasgar en ellas
para ver cuál es mi historia.
Porque el problema es que la historia
que llevo escrita es errónea,
es adrenalina,
es euforia,
es un no quiero seguir haciéndome esto,
es un no quiero seguir sintiéndome así.

Últimamente vivo a base de recuerdos,
como si mi alma quisiera
dejar de existir,
pero mi mente sigue recordándome
todo lo que era antes de ti.

Ya sé lo que es estar sin ti

Ya sé lo que es
convertirse en una sombra.

Ya sé lo que es no poder dejar de pensar
en todo lo que me duele
hasta que recuerdo
que me he olvidado de pensar en mí.

Ya sé lo que es darte la razón
los 365 días del año,
aunque la mayor parte del tiempo
esté cortándome por dentro
porque sé cómo eres.

Y no tengo miedo.
Miedo tuve cuando
me di cuenta de que
yo te lloraba con canciones
que tú escribías con otra persona.

Miedo tuve cuando grité,
cuando sentí que mis cuerdas
ya no me podrían sujetar,
cuando vi que por mucho
que lo intentara tú no me podías
querer tanto como te había querido yo.

Miedo tuve cuando te fuiste.
Ahora que ya no estás, no tengo miedo.
Me lo arrancaste de raíz,
y solo dejaste todo lo que habíamos vivido.

Eres arte

Siempre cometes el error
de olvidar quién eres,
de acariciar tu cuerpo mientras
solo piensas en cambiarlo,
de imaginar cómo sería tu vida
sin esa parte de ti que detestas constantemente.

Tienes que dejar de intentar borrarte
para crear otra persona
completamente distinta a ti,
solo para dejar atrás todos los huecos
que hacen que tu historia tenga sentido,
aquellos que son pinceladas de tu ser
y que transmiten mejor que ninguno
qué quieres contarle al mundo.

¿Cómo quieres que te recuerden?
¿Como aquel que se pasaba los días
envidiando los cuadros del Louvre
sin darse cuenta de que él
era la pintura más importante de su vida?

 Tengo frío

Ahora tengo frío.
Me vuelvo y no veo nada.
No veo a nadie.

Tengo frío,
y te imagino leyendo esto
sintiéndote como yo.

Aunque supongo
que ya no quieres venir a por mí.
Supongo que ya no te acuerdas.

Tengo frío
y me acuerdo
de aquellas primaveras
en ese banco contigo.

Tengo frío, porque sigo esperándote.

Mi refugio

Eres otra clase de dolor, uno adictivo.
Eres correr sin temer a lo que va detrás de ti.
Eres el miedo de la duda.

Por tus ojos,
tu manera de verlo todo,
de ayudarme a sanar mis heridas.
Por ser mi refugio,
en el que me siento seguro
cuando la guerra estalla.

Anestesia

Ojalá pudiera dedicaros
cada una de mis letras
por más desordenadas que estén.

Ojalá pudiera irme
y volver cada vez que
me sienta a la deriva.

Ojalá pudiera haceros sentir seguras
cuando el miedo se acerca
tantas veces como las que
habéis repetido esa canción
porque sabéis que me gusta,
como las que habéis hecho florecer
algo que estaba perdido.

Sois mi anestesia
mientras el daño permanece aquí.

Sois mis ganas de saltar al vacío,
porque sé que vais a seguir estando ahí

Adiós

Después de este caos te digo adiós,
con las letras que has
dejado en mi cabeza
y más de una tormenta contra la que remar,
por no entender cómo habías
podido olvidarte de mí.

Te digo adiós con rabia al recordar
aquellos mensajes poco antes
de las cinco y veinte,
en los que te decía lo mucho que te quería.

Te digo adiós con todas las veces
en las que me he culpado a mí
porque no sabía verte con otros ojos.

Me despido de ti,
y ya curaré el daño que has dejado aquí.

Este me lo dedico a mí

No llegas a hacerte una idea
de todo lo que he tenido que luchar
para no perderte.

Porque eres así,
quieres mucho y a veces
te olvidas de quererte a ti,
pero eres como un final de temporada
en el que sabes que
acabará habiendo un giro inesperado,
como un viernes noche,
como cantar «Vas a quedarte»
a todo pulmón,
como reírte hasta sentir que
no puedes dejar de respirar,
como mirar una puesta de sol
y desear que no acabe nunca,
aunque en el fondo sepas
que siempre te quedarán más atardeceres.

Aprovecha lo que tienes,
confía en ti,
y no te olvides nunca de que,
aunque decir «te quiero»
puede llegar a tener consecuencias,
vas a seguir teniéndote a ti.

Frases

I. Nunca dejes que nadie te quite las ganas.

II. Quédate siempre con los que sonríen cuando te ven llegar.

III. Cuanto mejor eres, peor terminas; la gente da asco.

IV. Lo más importante es saber cómo atravesar el fuego sin quemarte.

V. Necesito asegurarme antes de disparar.

VI. ¿Cuántos recuerdos habrá en una canción de tres minutos?

VII. Lo difícil atrae más.

VIII. Casi todo lo aprendí perdiendo.

IX. Hay rostros que se quedan guardados.

X. La gente es pasajera.

XI. Me huele la vida a ti.

XII. Aprende a besar tus propias heridas.

XIII. Menos apariencia y más esencia.

XIV. Por ti me equivocaría otra vez.

XV. Yo solo quería quererte.

XVI. El amor es demasiado bonito como para esconderlo.

XVII. Éramos demasiado caos.

XVIII. Por mucho tiempo que permaneciese en silencio, seguiría pensándote.

XIX. Somos adictos a aquello que nos quita el dolor.

XX. No te voy a esperar toda la vida.

XXI. Dañarse, encontrarse y curarse: ese es el ciclo.

Querido lector:

Si has llegado hasta aquí, te doy las gracias por haberme dado la gran oportunidad de mostrar hasta el último milímetro de mi ser.

Espero que, cuando llegue ese momento en el que te sientas perdido y no sepas qué has de hacer, te acuerdes de gritarle al mundo lo que sientes; de arriesgarte por ti; de salir de la pecera si piensas que no es lo suficientemente grande para ti; y también de que hay personas que van a seguir estando a tu lado, independientemente del desastre que tengas en la cabeza. Acuérdate de que debes ser fuerte, de que hay despedidas que ya estaban escritas, y de que no deberían importarte simples tópicos o los kilómetros que te separan de los que más quieres.

Dañarse, encontrarse y curarse: los tres pasos para hallar la felicidad, esos que parecen tan sencillos pero a la vez son tan difíciles de dar. Confía en ti, porque yo lo hago.

Agradecimientos

Escribir este libro ha sido (casi sin quererlo) una de las experiencias que más me ha hecho sufrir, aprender, madurar y, sobre todo, conocerme a mí mismo.

Todos estos poemas y textos son como un punto y coma en mi vida, de los cuales muchos habéis formado parte.

Ante todo, quiero darles las gracias a mis padres, por enseñarme lo que es el esfuerzo y el cariño. Ojalá algún día pueda parecerme un poco más a vosotros, aprender a sonreírle a los días grises y a reírme cuando me caiga.

A mi familia, por darme siempre ese amor incondicional que tanto los caracteriza.

A Mercedes, Alba, Laura, Elena, Aitana, Fátima y todos aquellos que me han ayudado a descubrir quién soy, por hacerme feliz los 365 días del año y por todo lo que nos queda por vivir.

A Editabundo y a Penguin Random House, por ver esa luz en mí y ayudarme a cumplir uno de mis mayores sueños.

Y sobre todo a ti, lector, por darme la oportunidad de abrirme en canal y poder contarte un poco de mi historia, que ahora también es tuya.

Manu Erena (Jaén, 2005) estudió primaria en el CEIP Martingordo y secundaria en el IES Santo Reino de Torredonjimeno, su ciudad natal, y próximamente cursará bachillerato.

Soñando. Así empezó esto. Escribiendo mil historias en las que sus personajes se enfrentaban a las adversidades de la vida. Imaginando canciones y finales felices.

Ahora las cosas son un poco más complicadas. Ha tenido que darse cuenta de lo difícil que puede ser a veces decir adiós.

También ha aprendido lo que puede ser amar, sentir, ser. Ha comenzado a conocerse a sí mismo y a descubrir que la vida puede que no sea tan fácil si no se arriesga.